Maria Wiesmüller

Knödel

KOMPASS **Küchenschätze**

Ein Wort zuvor

Der Knödel hat einen besonderen Stellenwert in der heutigen Küche. Zum einen wird er in der Regel von Hand liebevoll und sorgfältig zubereitet, zum anderen erhöht schon sein „rundes“ Aussehen die Vorfreude auf den nachfolgenden Genuß. Knödel sind daher etwas „Besonderes“ und jede Hausfrau - oder der geübte Hobbykoch - ist stolz, wenn beispielsweise die gut gelungenen Semmelknödel auf dem Tisch stehen. Gleich, wie sie auch zubereitet werden, ob aus Erdäpfeln (Kartoffeln), Semmeln, Mehl, Grieß, Germ (Hefe)-Teig, Fleisch oder Topfen (Quark), immer sollten sie zart und locker sein.
Schon die Geschichte weist nach, daß Knödel - in verschiedene Soßen eingetaucht - seit Jahrhunderten gerne verspeist wurden. Auch in der heutigen „Knödelküche“ wird die köstliche, runde Kugel selten allein serviert.
Als Beilage zu Herzhaftem, aber auch in ihrer süßen Variante, hat sie in Mitteleuropa eine wichtige Bedeutung. Dieses Buch stellt Ihnen daher Knödelrezepte aus verschiedenen Regionen - von Bayern bis Kärnten und von Böhmen bis Südtirol - vor. Knödel lassen sich in Suppen, als Hauptspeise oder Beilage und, in süßer Form, als Nachspeise zu vielen Anlässen servieren. Gleich, für welche Art Sie sich auch entscheiden, wichtig ist immer, einige Grundregeln der Zubereitung zu beachten, so daß auch Ungeübte schnell das perfekte Knödelkochen erlernen können. Die wichtigsten Techniken, mit vielen Tips ergänzt, sind im nachfolgenden Teil des Buches ausführlich beschrieben. Das „kleine Küchenlexikon“ hilft Ihnen dann, die Rezeptbegriffe leichter zu verstehen.
Damit Ihnen die Antwort auf die Frage „welche Knödel passen zu welchen Speisen?“ leichter fällt, finden Sie auch hierzu eine passende Empfehlung. Ich hoffe, daß Sie meine Rezepte mit Freude nachkochen und wünsche Ihnen dabei stets gutes Gelingen.

Ihre Maria Wiesmüller

Inhalt

Zur Geschichte

Schmackhafte und raffinierte Knödelgerichte werden heute überwiegend im mittleren Europa zubereitet. Über Jahrhunderte hinweg war der Knödel ein fester Bestandteil vieler Regionalküchen. In Ermangelung eines geeigneten Eßbesteckes wurden noch im frühen Mittelalter aus Reis, Hirse oder Maismehl kleine, runde Kugeln geformt, die, in Soßen eingetaucht, von Hand verspeist wurden. In der Burgkapelle von Hocheppan in Südtirol findet man die aus dem Jahre 1280 stammende, wohl älteste Darstellung einer „Knödel-Esserin". Sie führt, aus einer Pfanne über offenem Feuer, mit Hilfe eines speziellen Eßbesteckes, einen Knödel zum Mund. Das Besteck, ein sogenanntes „Knödelmesser", ähnelt einer Mischung aus Messer und Gabel. Dieses Küchenwerkzeug wurde, bis ins 17. Jahrhundert hinein, vielerorts verwendet.
Sprachforscher meinen, daß die Bezeichnung „Knödel" vom Lateinischen abstammt.
Aus „nodus = der Knoten" wurde im Althochdeutschen das Wort „Knoto." Dieses verwandelte sich dann im Laufe der Zeit beispielsweise zum bayerischen „Kno'n" oder pfälzischen „Knö'l" und beide Begriffe ähneln schon sehr dem heutigen „Knödel". Im böhmischen Wortschatz ist daraus der „knedlíky" entstanden.

Zubereitungstechniken

Grundteige
Knödel lassen sich je nach Verwendung, aus folgenden Teigarten herstellen:
Semmelteig
Die wichtigste Grundzutat sind altbackene, feinblättrig oder würfelig aufgeschnittene Semmeln. In Bayern und Österreich sind sie, bereits vorbereitet, als „Knödelbrot"erhältlich. Dieses Brot benötigt etwas mehr Flüssigkeit und braucht länger zum Durchziehen. Die Brotmischung wird häufig mit Milch angefeuchtet und

unter Zugabe von Eiern zu einem weichen Teig verarbeitet. Für Leberknödel gibt man passierte Leber darunter. Wird feinwürfelig geschnittener Speck unter die Semmelmasse gemischt, so erhält man den schmackhaften Speckknödel. Der Teig ist richtig, wenn er sich leicht vom Schüsselrand löst. Er soll weder klebrig, noch zu weich sein.

Erdäpfel (Kartoffel)-Teig
Hierzu verwendet man am besten die mehligen Sorten. Die Erdäpfel sollten nicht zu lange gelagert sein, da sie sonst zu wenig Stärke enthalten. Gleiches gilt für die Frühware. Die Erdäpfel werden entweder roh gerieben oder in der Schale gekocht, noch heiß, abgeschält und durchpassiert. Eine unentbehrliche Hilfe ist dafür die praktische Presse (Foto). Erdäpfelknödel lassen sich auch mit verschiedenen Füllungen zubereiten.

Mehlteig
Er wird, wie der Nudelteig, aus Mehl, Wasser oder Milch sowie Eiern angerührt und ist in der Regel eher fest.

Germ (Hefe)-Teig
Hierfür wird ein weicher Germteig eventuell mit Semmelbröseln vermischt, zu Knödeln geformt und in gesalzenem Wasser oder über Dampf zubereitet.

Topfen (Quark)-, Grieß oder andere Teigarten
Vor allem für die Zubereitung süßer Knödel kann ein Teil der Teigmasse aus Topfen, Grieß oder anderen Zutaten bestehen. Dabei verwendet man am besten gut abgetropften Topfen und - je nach Rezept - feinen oder groben Grieß. Brandteigknödel sind eine besondere Spezialität, so auch die Äpfel - oder Birnenknödel. Wichtig ist, daß die verschiedenen Zutaten stets gleichmäßig durchgemischt werden, damit die Masse beim Garen gut zusammenhält.

Zubereitung

Werden die Knödel gekocht, so benötigen sie **reichlich Wasser**, sie müssen „schwimmen" und dürfen sich nicht berühren. Daher ist ein **weiter, halbhoher Topf** am besten geeignet. Die meisten **Knödelteige** werden mit **angefeuchteten Händen** ausgeformt oder mit einem Löffel und einer nassen Hand. Ist der Knödel noch recht weich, so gibt man Semmelbrösel in den Teig und formt erneut. Manche **Knödel,** beispielsweise Erdäpfel- oder Semmelknödel, halten beim Kochen leichter zusammen, wenn sie vorher **in glattem Mehl gedreht** wurden. Nach dem Ausformen wird reichlich gesalzenes Wasser aufgekocht. Die Knödel legt man nacheinander ein und läßt sie bei **reduzierter Hitze** und halboffenem Topf knapp am Siedepunkt garziehen. Für **Serviettenknödel** wird der Teig rund oder länglich ausgeformt und locker in ein nasses Tuch eingebunden. Er soll beim Kochen noch aufgehen können. Die **Kochzeit** muß auf die Größe der Knödel abgestimmt sein. Zu langes Kochen macht beispielsweise Semmelteige eher zäh, Erdäpfel-, Brand- oder Topfenteige hingegen zerfallen dann leicht. Möchten Sie erstmalig ein Rezept ausprobieren, so sollten Sie vor dem Ausformen der gesamten Teigmenge lieber einen **Probeknödel** kochen. Die Knödel sind gar, wenn sie innen trocken und locker sind. Fertige Knödel möglichst sofort servieren. Bei **längerem Warmhalten** werden sie fest und unansehnlich. Bereits gegarte, **übrig gebliebene Knödel** lassen sich kurzzeitig im **Kühlschrank** lagern und bei Bedarf in reichlich Wasser (oder in der Mikrowelle) wieder erwärmen. **Knödel** lassen sich **gut einfrieren**. In Form bleiben sie, wenn man sie vor dem Einlegen in geeignete Behälter oder Gefrierbeutel auf einer Platte einzeln vorgefriert.

Kleines Küchenlexikon

Backfett	=	Fett zum Ausbacken, z.B. Butterschmalz
Brösel	=	Abkürzung für Semmelbrösel
Dampfl	=	Hefevorteig
Eidotter	=	Eigelb
Eierschwammerl	=	Pfifferlinge
Eiklar	=	Eiweiß
Erdäpfel	=	Kartoffeln
Faschiertes	=	Hackfleisch
Fleischsuppe	=	Rinderbrühe
Gelbe Rüben	=	Möhren, Karotten
Germ	=	Hefe
Geselchtes	=	geräuchertes Schweinefleisch
Grammeln	=	Grieben
Grammelfett	=	Griebenschmalz
Grießnockerl	=	Suppeneinlage aus Grieß und Eiern
Heidenmehl	=	Buchweizenmehl
Kraut	=	Weißkohl
Lauch	=	Porree
Leberknödel	=	Klöße aus Leber und geschnittenem Weißbrot
Marillen	=	Aprikosen
Obers	=	süße Sahne, Schlagsahne
Paradeiser	=	Tomaten
Pignoli	=	Pistazien
Powidl	=	Pflaumenmus
Rahm, Sauerrahm	=	saure Sahne
Ribisel	=	Johannisbeeren
Selchspeck	=	geräucherter Speck
Semmel	=	Brötchen
Semmelbrösel	=	Paniermehl
Staubzucker	=	Puderzucker
Schlagobers	=	Schlagsahne
Schmarrn	=	gebackener, zerteilter Pfannkuchenteig
Schöps	=	Hammel
Schwammerl	=	Pilze
Schwarzbeeren	=	Heidelbeeren
Schwarzplentenmehl	=	grobes Buchweizenmehl
Topfen	=	Quark
Zwetschken	=	Pflaumen

Welche Knödel passen zu welchen Gerichten?

Die nachfolgende Zuordnung gibt Ihnen einige Tips, zu welchen Hauptspeisen sich die verschiedenen, herzhaften Knödel am besten kombinieren lassen:

Böhmische Germ (Hefe)-Knödel
zu Braten aller Art, auch Rostbraten und Gemüsegerichten.

Erdäpfelknödel aus rohen Erdäpfeln (Kartoffeln)
zu Schweinebraten oder Gänse - bzw. Entenbraten.

Erdäpfelknödel aus gekochten Erdäpfeln
zu Rinder - oder Kalbsbraten, Gulasch, Rouladen und allen reichhaltigen Soßengerichten.

Fischknödel
zu Reis und verschiedenen Salaten.

Grießknödel
zu Wildgerichten und Schmorbraten.

Hirnknödel
zu Spinat, gekochten Erdäpfeln und als Suppeneinlage.

Käseknödel
zu Gurken- oder Erdäpfel (Kartoffel)-Salat.

Leberknödel
als Suppeneinlage, zu gekochtem Sauerkraut, zu Geräuchertem und zur Brotzeit.

Mehlknödel
zu Krautsalat, Geselchtem (geräuchertes Schweinefleisch), Wild.

Schwammerl (Pilz)-Knödel
zu gedünstetem Gemüse, Wildgerichten oder als Suppeneinlage.

Schwemmknödel
als Suppeneinlage.

Semmelknödel
zu Braten aller Art, auch zu Geflügel und Wild, Gulasch, saurer Lunge und Pilzen in Rahmsoße.

Serviettenknödel
zu Rinder- und Kalbsbraten, Sauerbraten, gekochtem Sauerkraut und allen Pilzgerichten.

Speckknödel
zu gekochtem Sauerkraut, Geräuchertem, auch als Suppeneinlage.

Kräftige Rindssuppe für Suppenknödel

Als Suppeneinlage werden die verschiedenen Knödel überwiegend in einer kräftig abgeschmeckten Rindssuppe serviert. Hierzu benötigen Sie:

- 1 1/2 - 2 l Wasser, Salz
- 20 - 30 g Rindsleber
- 1 gelbe Rübe (Möhre)
- 1 Petersilienwurzel
- 1/4 Stück Sellerie
- 1 mittlere Zwiebel
- etwa 800 g Suppenfleisch
- etwa 200 g zerhackte Rinder- oder Markknochen
- weißer Pfeffer, frisch geriebener Muskat

● Das Suppengemüse putzen, schälen und kleinschneiden. In einen genügend großen Topf geben und mit kaltem Wasser auffüllen, aufkochen lassen, dann salzen. Klein zerhackte Rindsknochen oder dünn geschnittene Markknochen und die feinwürfelig geschnittene Leber dazugeben.

● Weiter kochen lassen, dann erst das kalt abgespülte Suppenfleisch hineinlegen. Den entstehenden Schaum mit Hilfe einer Schaumkelle vorsichtig abheben und die Kochplatte herunterschalten. Leicht „köchelnd" in ca. 2 Stunden garziehen lassen.

● Fleisch und Knochen herausnehmen und die Suppe durchseihen. Das Fleisch separat verwenden und die Rindssuppe nochmals kräftig abschmecken.

Gebackene Grießknödel
aus Oberösterreich

1/2 l Milch, 40 g Butter	Butterschmalz zum Backen
1 Prise Salz, 125 g Grieß	1 1/2 klare Fleischsuppe
2 Eier, 1 Prise Muskat	Salz, Pfeffer
3 EL Semmelbrösel	2 - 3 EL geh. Schnittlauch

- Die Milch mit Butter und Salz aufkochen. Den Grieß hineingeben. So lange rühren, bis sich die Masse vom Topfboden löst. Abdampfen lassen. Nach und nach Eidotter, Muskat und das geschlagene Eiklar unterrühren.
- Mit 2 Eßlöffeln eigroße Knödel abstechen, auskühlen lassen, nachformen und in siedendem Salzwasser ca. 10 - 12 Minuten ziehen lassen.
- Abgetropft in Semmelbröseln wälzen, dann in heißem Butterschmalz goldgelb backen.
- In heißer, gut abgeschmeckter Fleischsuppe, mit reichlich gehacktem Schnittlauch bestreut, servieren.

Tiroler Speckknödel

3 - 4 altbackene Semmeln	1 EL Butter
175 g magerer, durchwachsener Speck	80 g Mehl
1 EL geh. Petersilie	Salz, weißer Pfeffer
3 Eier	1 Prise Muskat
2 Tassen lauwarme Milch	gut 1 1/4 l kräftige Fleischsuppe
1 kleine Zwiebel	2 EL geh. Schnittlauch

● Die Semmeln kleinschneiden und in eine größere Rührschüssel geben. Den Speck fein würfeln und hinzufügen. Die gehackte Petersilie darüberstreuen. Die Eier mit der Milch verschlagen und gleichmäßig über die Brotmasse verteilen. Die Zwiebeln schälen, würfeln und in der Butter anrösten. Mit dem Mehl zur Brotmischung geben, würzen und alles gut durchkneten. Etwa 20 Minuten ziehen lassen.

● Mit feuchten Händen aus der Masse etwa 4 - 6 Knödel formen und in gesalzenem, leicht köchelndem Wasser ca. 15 - 20 Minuten lang garziehen lassen. In heißer Fleischsuppe mit Schnittlauch bestreut servieren.

Leberknödel

1 kleine Zwiebel	etwas abgeriebene Schale einer unbeh. Zitrone
1/2 Bund geh. Petersilie	1 Prise Muskat
30 - 40 g Butter	1/2 Knoblauchzehe nach Belieben
4 - 6 altbackene Semmeln	Semmelbrösel nach Bedarf
200 ml lauwarme Milch	1 1/2 l kräftig abgeschm. Rindssuppe
200 g durchpassierte Rinder- o. Schweineleber	etwas Schnittlauch
2 Eier	
Salz, Pfeffer, Majoran	

● Die Zwiebel schälen und fein hacken. Die Butter in einer Pfanne erhitzen, Zwiebel und Petersilie dazugeben und unter beständigem Wenden andünsten. Beiseite stellen.

● Die Semmeln kleinschneiden, in eine Schüssel geben und mit der Milch übergießen. Etwas durchziehen lassen, dann ausdrücken und zerpflücken. Die Leber dazugeben. Eier, Gewürze, nach Belieben frisch gepreßter Knoblauch und Zwiebel- Petersilien-Mischung dazugeben.

● Alles gut verkneten. Hierzu den Elektroquirl einsetzen. Bei Bedarf noch Semmelbrösel unter den Teig mischen.

● Etwa 30 Minuten lang durchziehen lassen.

● Mit nassen Händen Knödel formen und diese - je nach Größe - etwa 15 - 20 Minuten lang in der heißen Fleischbrühe garkochen. Mit frisch gehacktem Schnittlauch bestreut servieren.

Tip:
Möchten Sie eine klare Brühe servieren, so sollten Sie die Leberknödel erst in Salzwasser kochen und dann in die Fleischbrühe geben. Im Salzburger Land schätzt man an Hochzeiten und Festtagen auch die „Gebackenen Leberknödel". Diese werden nach dem Kochen in gesalzenem Wasser gut abgetropft und für ca. 10 Minuten in heißem Fett ausgebacken. Dann erst serviert man Sie in der heißen Rindssuppe.

Gebackene Milzknödel

3 altbackene Semmeln	1 kleine Knoblauchzehe
150 g Rindermilz	3 - 4 EL Semmelbrösel
ca. 1/8 l lauwarme Milch	Butterschmalz zum Ausbacken
1 Ei, Salz, weißer Pfeffer, etwas geriebener Majoran	gut 1 1/4 l heiße Rindssuppe
1 TL abgeriebene Schale einer unbeh. Zitrone	1 - 2 EL geh. Schnittlauch

● Die Semmeln fein aufschneiden und in eine Schüssel geben. Die Rindermilz kurz kalt abspülen, mit Küchenpapier trockentupfen und durchpassieren, dann zu den Semmeln geben.

● Milch mit Ei verschlagen, darübergießen, gut durchmischen und etwas anziehen lassen.

● Gemeinsam mit Salz, Pfeffer, Majoran, geriebener Zitronenschale und fein zerdrücktem Knoblauch wird die Semmelmischung gut durchgeknetet. So viel Semmelbrösel hinzufügen, bis die Masse gut formbar ist,

● Mit feuchten Händen gleichgroße Knödel herstellen, diese in heißes Butterschmalz geben und von allen Seiten goldgelb ausbacken.

● Die Rindssuppe auf Tellern verteilen, die Knödel hineingeben und zuletzt mit Schnittlauch bestreuen. Sofort servieren.

Feine Butterknödel

ca. 1/4 l Milch	Salzwasser zum Kochen
Salz, weißer Pfeffer	Rinds- oder Gemüsecremesuppe z. Anrichten
50 g Butter	geh. Schnittlauch oder gemischte Küchenkräuter zum Bestreuen
125 g Mehl	
2 Eier	
1 Prise Muskat	

● Milch, Salz, Pfeffer und Butter in einem mittelgroßen Topf ankochen, dann die Kochstelle ausschalten.

● Das gesiebte Mehl auf einmal hineinschütten, dann so lange rühren, bis sich der Teig zusammenballt und vom Topfboden löst. Den Topf beiseite stellen, in die leicht ausgedampfte Masse nacheinander Eier und Muskat mit Hilfe des Elektroquirls rühren und nochmals abschmecken.

● Mit einem in kaltes Wasser eingetauchten Teelöffel kleine Knödel abstechen, diese einzeln nachformen und in schwach kochendem Salzwasser ca. 10 - 12 Minuten lang garziehen, dann abgießen. Gut abtropfen lassen und in heißer Rinds- oder Gemüsecremesuppe - mit Schnittlauch oder Küchenkräutern bestreut servieren.

Interessant für Sie:
Verwendet man anstelle des Mehls ca. 150 g feinen Grieß, so erhält man die in Niederösterreich beliebten „Schwemmknödel“, die auf gleiche Art zubereitet werden.

Käseknöderln in Paradeiscremesuppe

Knödelmasse: 60 g weiche Butter	500 g reife Paradeiser (Tomaten)
100 g fein geriebener Käse, z.B. Emmentaler oder ein milder Parmesan	40 g Butter, 30 - 40 g Mehl
1 - 2 Eier , 60 - 80 g Mehl	3/4 l kaltes Wasser
weißer Pfeffer	1/2 l kräftige Rindssuppe
Paradeiscremesuppe: 1 mittlere Zwiebel	Salz, weißer Pfeffer
1 kleine Petersilienwurzel	1 Prise Zucker
30 g Butter	etwas Rotwein und Zitronensaft
	2 - 3 EL Sauerrahm

● Für die Knöderln die weiche Butter in eine Rührschüssel geben und mit dem Elektroquirl sehr schaumig rühren. Die übrigen Zutaten beigeben und die Mischung zu einem glatten Teig verarbeiten. Etwa 30 Minuten lang rasten lassen. Inzwischen die Paradeiscremesuppe zubereiten. Hierzu Zwiebel und Petersilienwurzel schälen, fein würfeln und in der Butter anrösten. Die Paradeiser heiß überbrühen, häuten, kleinschneiden und mitdünsten. Anschließend durch ein grobes Sieb passieren.

● In einem größeren Topf die Butter schmelzen, das Mehl einrühren, leicht andünsten, dann langsam das Wasser dazugeben und mit Hilfe eines Schneebesens kräftig verschlagen. Mit Rindssuppe auffüllen und unter beständigem Rühren einmal aufkochen lassen.

● Nun aus der Knödelmasse mit feuchten Händen kleine Knödel formen, diese in die Suppe einlegen, die Kochstelle herunterschalten und etwa 10 - 15 Minuten durchziehen lassen.

● Dann die Paradeismasse dazugeben, mit Salz, Pfeffer, Zucker, Rotwein sowie Zitronensaft abschmecken.

● Nochmals erhitzen, dann den Topf von der Kochstelle nehmen und den Sauerrahm unterziehen. Sofort servieren.

Burgenländer Markknöderln

40 - 60 g Rindermark	1 Prise Muskat
1/2 altbackene Semmel	40 - 50 g Semmelbrösel
1 Ei	1 EL geh. Petersilie
Salz, Pfeffer	1 1/2 l kräft. Fleischsuppe

● Das Rindermark zerteilen, in einer kleineren Pfanne oder einem kleinen Topf ausbraten, durchseihen und abkühlen lassen. Die Semmel in Wasser einweichen und gut ausdrücken. Das Mark in eine Rührschüssel geben und mit dem Elektroquirl schaumig rühren. Semmel, Ei, Gewürze, Semmelbrösel sowie Petersilie dazugeben und gleichmäßig durchmischen.

● Etwa 30 Minuten lang rasten lassen.

● Mit feuchten Händen kleine „Knöderln" formen, diese in die kochende Fleischsuppe einlegen, die Kochstelle herunterschalten und in etwa 10 - 12 Minuten garziehen lassen. Mit der Suppe servieren.

Tip:
Läßt man das Rindermark, mit Wasser bedeckt, über Nacht wässern, so werden die Markknöderln weißer.

Hirnknödel aus Südtirol

etwa 150 g frisches Kalbshirn	ca. 1 Tasse lauwarme Milch
1 mittlere Zwiebel	1 Prise Salz, weißer Pfeffer
2 - 3 EL geh. Petersilie	1 Prise Muskat
30 - 40 g Butter	2 Eiklar (Eiweiß)
2 Eidotter (Eigelb)	gut 1 1/4 l kräftige Fleischsuppe
50 - 60 g Semmelbrösel	1 - 2 EL geh. Petersilie
1- 2 EL Mehl	

● Das Kalbshirn gründlich waschen, kurz in Wasser andünsten, dann häuten und nochmals waschen. Mit der geschälten, kleingehackten Zwiebel und der Petersilie in heißer Butter weichgaren.

● Die Mischung in eine Rührschüssel geben und abkühlen lassen. Dann erst Eidotter, Semmelbrösel, Milch, Mehl, Gewürze sowie steif geschlagenes Eiklar dazugeben und alles mit dem Elektroquirl mit Knethaken gut durchmischen.

● Etwa 30 Minuten rasten lassen.

● Anschließend daraus kleine Knödel formen, diese in die heiße Fleischsuppe einlegen und darin etwa 6 - 8 Minuten auf niedriger Stufe ziehen lassen. Mit der Suppe auftragen. Zuletzt Petersilie darüberstreuen und heiß servieren.

Fleischsuppe mit Grieß-Speckknödeln

1 kleine Zwiebel	80 - 100 g Grieß
75 g durchwachsener Speck	1 Ei
1/4 l Milch	ca. 30 g Semmelbrösel bei Bedarf
1 EL Butter	1 1/4 l kräftige Fleischsuppe
Salz, weißer Pfeffer	geh. Petersilie zum Bestreuen
frisch geriebener Muskat	

● Die Zwiebel schälen, sehr fein hacken und mit dem würfelig geschnittenen Speck in einem weiten Topf glasig ausbraten. Mit Milch aufgießen. Butter, Gewürze und Grieß in die kochende Mischung einrühren und so lange rühren, bis die Masse sich zusammenzieht.

● Den Topf beiseite stellen und abdampfen lassen, dann erst Ei und bei Bedarf Semmelbrösel

dazugeben. Daraus längliche Knödel formen, diese in die leicht kochende Fleischsuppe geben, die Kochstelle herunterschalten und die Knödel in 10 - 15 Minuten fertiggaren Mit Petersilie bestreut servieren.

Geflügelknödel in klarer Spargelsuppe

Knödel:
250 g Puten- oder Hühnerfleisch

1 Ei

1 EL gehackter Dill

1 gestr. TL Salz

etwas weißer Pfeffer,
etwas geriebener Muskat

2 - 3 EL Semmelbrösel bei Bedarf

Suppe:
1 l kräftige Hühnersuppe

500 gekochte Spargelstücke

1 Tasse gedünstete Erbsen

1 TL geh. Dill

● Das Puten- oder Hühnerfleisch zweimal durch die feine Scheibe des Fleischwolfes drehen und mit dem Ei, Dill, Gewürzen und bei Bedarf mit Semmelbröseln verrühren.

● Mit nassen Händen daraus Knödel formen, diese in sprudelnd kochendes Salzwasser legen, die Kochplatte herunterschalten und bei schwacher Hitze die Knödel in 5 - 8 Minuten garziehen lassen.

● Inzwischen die Hühnersuppe mit den Spargelstücken und den Erbsen erhitzen, aber nicht kochen.

● Die Knödel abseihen, in die Suppe geben und mit frischem Dill bestreut servieren.

Kräuter-Bröselknödel aus Niederösterreich

- 30 - 40 g weiche Butter
- 1 Ei
- geh. Petersilie, Kerbel, Schnittlauch und Estragon
- etwas gedünsteter Lauch (Porree), etwas gedünsteter Spinat
- 1 altbackene Semmel
- 30 g Semmelbrösel
- 1 EL Mehl oder Stärkemehl
- Salz, weißer Pfeffer
- 1 kräftige Prise Muskat
- gut 1 1/4 l heiße Suppe

● Die Butter in eine Rührschüssel geben und mit dem Elektroquirl sehr schaumig rühren. Zerklopftes Ei, kleingehackte Kräuter und Gemüsebeigaben, die eingeweichte und ausgedrückte Semmel, Semmelbrösel, Mehl sowie Gewürze dazugeben.

● Gut durchmischen und anziehen lassen, dann kleine Knödel formen und 5 - 8 Minuten in beliebiger, heißer Suppe durchziehen lassen.

Fleischknödel

- 150 g Faschiertes (Hackfleisch)
- Salz, weißer Pfeffer
- 1/2 altbackene Semmel, eingeweicht und ausgedrückt
- 1 Ei
- 1 Prise Majoran
- je 1/2 EL gehackte Zwiebel und Petersilie in 20 - 30 g Butter angedünstet
- 1/2 zerdrückte Knoblauchzehe
- 1 - 2 EL Semmelbrösel
- 1 1/2 l Fleisch- oder Gemüsesuppe

● Alle Knödel-Zutaten in eine Rührschüssel geben und mit dem Elektroquirl mit Kneten zu einer mittelfesten Masse verkneten.

● Etwa 30 Minuten lang rasten lassen, dann mit feuchten Händen kleine Knödel formen, diese in kochendes Salzwasser einlegen und im halboffenen Topf auf niedriger Stufe in ca. 15 Minuten garziehen lassen.

● In heißer Fleisch- oder Gemüsesuppe servieren.

Semmelknödel

8 - 10 altbackene Semmeln oder eine entsprechende Menge Knödelbrot	1/2 Bund geh. Petersilie
ca. 300 ml lauwarme Milch	40 g Butter
Salz, weißer Pfeffer, frisch geriebene Muskatnuß	4 - 5 Eier, 2 - 3 EL Mehl
1/2 gehackte Zwiebel	1 - 2 EL Semmelbrösel bei Bedarf
	ca. 3 l Salzwasser zum Kochen

● Die Semmeln blättrig oder würfelig schneiden und in eine weite Rührschüssel geben. Die Milch mit den Gewürzen verrühren und gleichmäßig darüber verteilen. Gut durchmischen und anschließend etwa 20 - 30 Minuten durchziehen lassen.

● Die Zwiebel in heißer Butter glasig dünsten, Petersilie dazugeben, kurz mitdünsten und dann zu den Semmeln geben. Eier mit Mehl versprudeln, ebenfalls hinzufügen und alles zu einer geschmeidigen Masse verarbeiten.

● Nochmals ca. 20 Minuten lang rasten lassen. Ist die Masse dann noch weich, einfach 1 - 2 EL Semmelbrösel zum Binden untermischen.

● Mit nassen Händen gleichmäßig große Knödel formen, diese in kochendes Salzwasser einlegen, die Kochstelle herunterschalten und die Knödel in ca. 15 - 20 Minuten garziehen lassen.

● Mit Hilfe einer breiten Schaumkelle herausheben und sofort anrichten.

Empfehlung:
Semmelknödel passen als Beilage zu Braten aller Art, auch zu Geflügel und Wild; zu Gulasch, saurer Lunge sowie zu Pilzen in Rahmsoße.

Vorarlberger Brätknöderl

200 g Kalbsbrät (rohe Bratwurstfülle)

1 Ei

3 EL süßer Rahm (Sahne)

Salz, weißer Pfeffer

etwas Cayennepfeffer

etwas geh. Petersilie

1 altbackene Semmel, eingeweicht und ausgedrückt

3 EL Semmelbrösel

1 EL Stärkemehl

1 1/4 l Rinds- oder Gemüsesuppe

● Alle Zutaten für die Knödel mischen und mit dem Elektroquirl gut durchkneten. Etwa 30 Minuten lang rasten lassen. Bei Bedarf noch mit Bröseln festigen, dann kleine Knöderl formen und ca. 8 - 10 Minuten in heißer Suppe ziehen lassen.

Tiroler Speckknödel

1 Zwiebel	3 Eier
20 g Butter	1/8 l Milch
300 g altbackenes Weißbrot (oder Semmeln) oder Knödelbrot	ca. 2 EL Mehl
100 - 150 g Speck, kleingewürfelt	1 EL weiche Butter
	je 1 EL gehackte Petersilie und Schnittlauch
	Salz, Pfeffer, Majoran

● Die Zwiebel schälen und in der Butter andünsten. Das Brot (die Semmeln) mit der Zwiebel sowie den Schinkenwürfeln mischen.

● Die Eier mit der Milch gut versprudeln und darübergießen. Mehl, Butter, Petersilie, Schnittlauch und Gewürze hinzufügen und alles gut durchmischen. Etwa 20 Minuten rasten lassen.

● Inzwischen reichlich Salzwasser erhitzen. Mit

nassen Händen 8 gleichgroße Knödel formen, vorsichtig in das heiße Wasser geben, die Kochplatte herunterschalten und die Knödel in ca. 10 - 15 Minuten garziehen lassen, abseihen und servieren.

Empfehlung:
Die Tiroler Speckknödel passen zu Sauerkraut und Geräuchertem.

Interessant für Sie:
Die Tiroler Speckknödel sind ein wesentlicher Bestandteil der bodenständigen Tiroler Hausmannskost. Es gibt viele verschiedene Rezepte, Grundlage ist jedoch immer eine Semmelmischung, der Speck oder Selchfleisch zugegeben wird.
In der Fastenzeit werden sie ohne Speck zubereitet, meist in Butterschmalz ausgebacken und in Salzwasser fertiggekocht. Man nennt sie dann „Tiroler Fastenknödel". Dazu gibt es Sauerkraut.

Steirische Bauernknödel

5 - 6 altbackene Semmeln	2 Eier
1/4 l lauwarme Milch	Salz, weißer Pfeffer, frisch geriebener Muskat
100 g Grammeln (Grieben)	2 - 3 EL Mehl
1 Zwiebel	

● Die Semmeln kleinschneiden, in eine Schüssel geben und mit der Milch übergießen. Umrühren und durchziehen lassen. Die Grammeln mit der geschälten, kleingehackten Zwiebel in einer Pfanne ausbraten. Zu den Semmeln geben. Eier, Gewürze und Mehl untermischen.

● Aus der Masse nicht zu große Knödel formen, diese in siedendem Salzwasser etwa 15 - 20 Minuten garziehen lassen, abtropfen und sogleich servieren.

Südtiroler „Preßknödel“

- 350 g Knödelbrot oder 6 - 8 altbackene Semmeln
- 150 g Graukas (pikanter, intensiver Almkäse) oder Bergkäse
- 2 Eier, Salz
- 3 - 4 gekochte Erdäpfel (Kartoffeln)
- knapp 1/4 l Milch
- 2 - 3 EL Mehl
- Öl zum Braten
- Salzwasser zum Kochen

● Das Knödelbrot oder die kleingewürfelten Semmeln, Graukas oder feingeriebenen Bergkäse, Eier und geschälte, zerdrückte oder passierte Erdäpfel gut vermischen. Mit der Milch übergießen, etwas durchziehen lassen, dann das Mehl unterrühren und alles gut durchkneten.

● Aus der Masse gleichgroße Knödel formen, diese dann flach pressen und in heißem Öl von beiden Seiten langsam goldbraun anbraten. Anschließend sofort in kochendem Salzwasser ca. 10 Minuten lang leicht sieden lassen. Abgießen und servieren.

Empfehlung:
Die Preßknödel serviert man am besten auf Sauerkraut.

Interessant für Sie:
Im Zillertal werden diese Knödel auch als „Zerggl“ bezeichnet.

Pikante Kräuterknödel

- 2 altbackene Semmeln
- ca. 1/8 l heiße Milch
- 30 g feingehackte Wildkräuter (z.B. Brennessel, Huflattich, Brunnenkresse)
- 100 g gekochter Schinken
- 50 g Butter
- 2 Eier
- 80 g Mehl
- Salz, weißer Pfeffer

● Die Semmeln kleinschneiden, in eine Schüssel geben und mit der Milch begießen. Den Schinken sehr fein würfeln und zusammen mit den feingehackten Kräutern in der heißen Butter kurz andünsten, dann gut auskühlen lassen und zu

den Semmeln geben. Eier, Mehl sowie Gewürze hinzufügen und alles zu einem geschmeidigen Teig verarbeiten. Bei Bedarf noch Mehl dazugeben.

- Zugedeckt etwa 30 Minuten lang rasten lassen.
- Anschließend mit feuchten Händen aus der Masse Knödel formen, diese in reichlich kochendes Salzwasser einlegen und auf niedriger Stufe in 20 Minuten garziehen lassen.

Beilage:
Tomatensoße oder braune Butter, Salat

Wiener Serviettenknödel

8 altbackene Semmeln	30 g Butter
1/4 l lauwarme Milch	1 Leinenserviette oder 1 Küchentuch, Holzlöffel, Bindfaden
4 Eier	etwas Butter z. Bestreichen
frisch gerieb. Muskatnuß	3 - 4 l Salzwasser zum Kochen
Salz, weißer Pfeffer	
3 - 4 EL geh. Petersilie	

● Die Semmeln kleinschneiden und in eine Schüssel geben. Die Milch mit Eiern sowie Gewürzen versprudeln und darübergießen. Die Petersilie in geschmolzener Butter anrösten und hinzufügen. Alle Zutaten gleichmäßig durchmischen und etwa 30 Minuten rasten lassen.

● Das Salzwasser in einem hohen, weiten Topf aufkochen.

● Den Teig mit nassen Händen zu einer großen, länglichen Rolle formen. Auf eine befeuchtete und mit Butter bestrichene Leinenserviette (Küchentuch) legen und locker einschlagen, damit die Masse während des Kochens noch aufgehen kann. An beiden Enden mit Hilfe eines Bindfadens befestigen und an einem Kochlöffel festbinden.

● Vorsichtig in das Wasser legen und zugedeckt bei mittlerer Hitze in 50 - 60 Minuten garziehen lassen.

● Den Knödel aus dem Wasser heben, abschrekken, die Serviette (Küchentuch) entfernen und kurz ausdämpfen lassen. In dicke Scheiben schneiden, auf einer vorgewärmten Platte anrichten und sofort servieren.

Empfehlung:
Der „Wiener Serviettenknödel" paßt gut zu Rinder- und Kalbsbraten, Sauerbraten, gekochtem Sauerkraut und allen Pilzgerichten.

Interessant für Sie:
Die Idee, eine Knödelmasse in einer Serviette oder einem Küchentuch zuzubereiten, stammt aus Böhmen. Vermutlich wurden die Knödel erstmals im Palais des Grafen Palffy in Prag serviert.

Klosterneuburger Knödel

Zutaten wie „Wiener Serviettenknödel"
außerdem:
2 - 3 EL Schmalz
250 g Selchspeck

● Für dieses Knödelrezept werden die Semmeln zunächst in heißem Schmalz angeröstet, dann wird - wie im Rezept „Wiener Serviettenknödel" beschrieben - die Knödelmasse weiterverarbeitet. Zuletzt gibt man noch feinwürfelig geschnittenen, ausgebratenen Selchspeck dazu und formt einen ganzen, runden Knödel. Dieser wird auf das gebutterte Leinen- oder Küchentuch gegeben und in etwa 60 Minuten gargekocht.

Tip:
Zum Servieren teilt man den „Klosterneuburger Knödel" am einfachsten mit einem scharfen Messer oder einem Zwirnsfaden in tortengroße Stücke.

Knödel aus rohen Erdäpfeln
(Kartoffeln)

2 kg mehlig kochende Erdäpfel	1 Eidotter (Eigelb) nach Belieben
Salz, frisch geriebene Muskatnuß	2 Semmeln, gewürfelt und in 3 EL Butter geröstet
etwas Stärkemehl	ca. 3 l Salzwasser zum Kochen, mit etwas Stärkemehl gemischt
ca. 1/4 l heiße Milch	

● Etwa 500 g Erdäpfel schälen, waschen, vierteln und in gesalzenem Wasser weichkochen. Die restliche Menge ebenfalls schälen, waschen, fein reiben, auf ein Küchentuch geben und kräftig auspressen.

● Die gekochten Erdäpfel abgießen, durchpressen und zusammen mit den geriebenen in eine große Schüssel geben. Kräftig würzen, etwas Stärkemehl darübersieben und alles zusammen sofort zu einem weichen Teig verkneten. Hierzu am besten den Elektroquirl einsetzen. Zuletzt nach Belieben den Eidotter einarbeiten.

● Von der Masse einen kleinen Probeknödel in gesalzenem, mit Stärkemehl gemischtem Wasser, kochen. Sollte er zu weich werden, so muß die Erdäpfelmasse noch mit Stärkemehl abgebunden werden.

● Mit feuchten Händen nun große Knödel formen,

dabei mehrere Semmelwürfelchen in die Mitte eindrücken und jeden einzelnen Knödel nachformen.

● In das kochende Salzwasser geben, dann die Kochstelle herunterschalten und die Knödel leicht köchelnd in ca. 20 - 25 Minuten garziehen lassen.

● Mit Hilfe einer breiten Schaumkelle herausheben und sofort servieren.

Empfehlung:
Knödel aus rohen Erdäpfeln eignen sich besonders gut als Beilage zu Schweinebraten, sowie zu Gänse- oder Entenbraten.

Knödel aus gekochten Erdäpfeln
(Kartoffeln)

1 kg mehlig kochende Erdäpfel	ca. 3/8 l heiße Milch
200 - 250 g Stärkemehl	1 - 2 Semmeln, gewürfelt und in 2 EL Butter geröstet
1 TL Salz	3 l Salzwasser zum Kochen, mit etwas Stärkemehl gemischt
frisch geriebene Muskatnuß	

● Die Erdäpfel waschen, in der Schale weichkochen, schälen, durchpressen, dann leicht ausdampfen lassen und anschließend mit Stärkemehl, Salz sowie Muskatnuß vermischen.,

● Die heiße Milch dazugeben und alles gut verkneten, dazu am besten den Elektroquirl einsetzen. Wie im Rezept für „Knödel aus rohen Erdäpfeln" beschrieben, die Knödel formen und etwa 15 - 20 Minuten garziehen lassen.

● Mit Hilfe einer Schaumkelle herausheben und sofort servieren.

Tip:
Lassen Sie die fertig gekochten Knödel nicht zu lange im Wasser liegen, sonst werden sie fest.

Empfehlung:
Knödel aus gekochten Erdäpfeln eignen sich besonders gut als Beilage zu Rinder- oder Kalbsbraten, sowie zu Gulasch, Rouladen oder allen reichhaltigen Soßengerichten.

Knödel mit Brokkoli-Schinken-Soße

Knödel aus gekochten Erdäpfeln (Rezept s. S. 30) od. eine Fertigpackung, z.B. von Pfanni, verwenden.	300 g Brokkoli - Röschen
	200 ml süßer Rahm
	4 - 5 EL Stärkemehl
2 gelbe Rüben (Möhren)	Salz, Pfeffer
125 g gekochter Schinken	frisch gerieb. Muskatnuß

● Zunächst die Knödel vorbereiten. Während des Kochens die gelben Rüben waschen, schälen und grob reiben. Den Schinken in Streifen schneiden. Die Brokkoli - Röschen in 1 Liter kochendem Salzwasser bißfest garen und herausnehmen. Die Wassermenge auf 3/4 Liter reduzieren, gelbe Rüben sowie Rahm dazugeben und ca. 3 Minuten ziehen lassen.

● Die Mischung mit in kaltem Wasser angerührtem Stärkemehl binden. Brokkoli und Schinken dazugeben, heiß werden lassen, dann die Soße kräftig abschmecken.

● Die Knödel mit der Soße auf Tellern anrichten und sofort servieren.

Spinat-Knödel in raffinierter Spargelsoße

Knödel aus gekochten Erdäpfeln vorbereiten (Rezept s. S. 30) od. eine Fertigpackung, z.B. von Pfanni, verwenden.
150 g frisch gekochter od. aufgetauter Blattspinat
1 Ei
Salz, weißer Pfeffer, frisch geriebener Muskat
200 g grüner Spargel
200 g weißer Spargel
100 ml Rahm (süße Sahne)
4 - 5 EL Stärkemehl
150 g geräucherter Lachs (nach Belieben)
1 EL Zitronensaft

● Zunächst die Knödelmasse vorbereiten. Kleingeschnittenen Spinat, Ei, sowie Gewürze dazugeben und alles mit dem Elektroquirl mit Knethaken gut durchmischen. Zum Ausquellen beiseite stellen.

● Inzwischen den Spargel putzen, den weißen schälen und beide Sorten in mundgerechte Stücke schneiden. Ca. 1/2 l Wasser mit 1 Prise Salz zum Kochen bringen. Die Spargelstücke darin etwa 15 - 20 Minuten garen, dann vorsichtig herausnehmen und auf einen Teller legen. Rahm mit Stärkemehl verrühren, zum Spargelwasser

geben, gut untermischen und aufkochen lassen. Den Lachs in Streifen schneiden, mit den Spargelstücken zur Soße geben und mit Salz, Pfeffer, Muskat sowie Zitronensaft abschmecken. Auf niedriger Stufe warmhalten. Dabei gelegentlich umrühren.

- Aus der Knödel-Spinatmasse mit feuchten Händen etwa 16 kleine Knödel formen und in heißes Salzwasser einlegen. Auf niedriger Stufe etwa 10 - 12 Minuten ziehen lassen. Anschließend abgießen, abtropfen lassen und mit der Soße auf tiefen Tellern anrichten. Sofort servieren.

Waldviertler Knödel

500 g vorgekochte, mehlige Erdäpfel (Kartoffeln)

500 g rohe, mehlige Erdäpfel (Kartoffeln)

Salz, weißer Pfeffer

frisch geriebener Muskat

1 - 2 EL gesiebtes Mehl

● Die Erdäpfel waschen, in der Schale weichkochen, abschälen, durchpressen und leicht ausdampfen lassen. Die zweite Menge schälen, fein reiben, leicht ausdrücken und sogleich mit den Gewürzen sowie dem Mehl zu den gekochten Erdäpfeln geben. Alles gut durchmischen.

● Aus der Masse mit feuchten Händen gleichgroße Knödel formen und etwa 20 Minuten lang in leicht siedendem Salzwasser garen.

Empfehlung:
Die „Waldviertler Knödel" passen besonders gut zu allen Fleischgerichten, die mit viel Soße zubereitet werden.

Interessant für Sie:
In Oberösterreich nennt man diese Knödel auch „Reiberknödel".

Wiener Grammelknödel mit Sauerkraut

Für den Erdäpfelteig:
600 g mehlige Erdäpfel

200 g Mehl, 40 g feiner Grieß

2 EL weiche Butter, 1 Ei

2 Eidotter (Eigelb)

1 Prise frisch geriebener Muskat, Salz

Für das Sauerkraut:
1 mittlere Zwiebel

125 g magerer Speck

2 EL Butter

300 g Sauerkraut

1 Lorbeerblatt

6 Pfefferkörner

1/8 l Fleischsuppe

Für die Füllung:
300 g „Grammeln" (Grieben)

1 Zwiebel

2 - 3 EL Butter

2 EL gehackte Petersilie

1 Knoblauchzehe

Salz, Pfeffer

● Die Erdäpfel in der Schale kochen, schälen und noch heiß durchpressen. Etwas ausdampfen lassen, dann mit Mehl, Grieß, Butter, Ei, Dottern und Gewürzen zu einem glatten Teig verarbeiten. Hierzu am besten die Küchenmaschine mit Knethaken einsetzen.

● Etwa 10 - 15 Minuten rasten lassen.

● Für das Sauerkraut die Zwiebel schälen und fein hacken. Den Speck kleinwürfeln. Die Butter in einem Topf erhitzen, Zwiebel mit Speckwürfeln darin ausbraten, dann das Kraut mit dem Lorbeerblatt und den Pfefferkörnern dazugeben.

● Die Fleischsuppe hinzugießen und das Sauerkraut bei mittlerer

Hitze in etwa 30 - 45 Minuten fertiggaren. Zwischendurch umrühren.

● Für die Fülle die Grammeln feinhacken. Mit der geschälten, gewürfelten Zwiebel in der Butter anrösten. Die Petersilie dazugeben und kurz mitbraten. Geschälten, gepreßten Knoblauch sowie die Gewürze hinzufügen. Pikant abschmekken. Zum Abkühlen beiseite stellen, dann daraus 12 kleine Kugeln formen.

● Den Erdäpfelteig auf bemehlter Arbeitsfläche zu einer Rolle formen. In 12 gleichgroße Scheiben schneiden und diese einzeln flachdrücken. Die Fülle darauf verteilen, mit Teig umhüllen und nun zu Knödeln formen.

● In einem weiten, großen Kochtopf reichlich gesalzenes Wasser aufkochen lassen. Die Grammelknödel einlegen, die Kochstelle herunterschalten und die Knödel - je nach Größe in ca. 14 - 18 Minuten garen.

● Mit einer Schaumkelle herausheben, abtropfen lassen, auf Tellern anrichten und mit dem Sauerkraut servieren.

Interessant für Sie:
Anstelle der „Grammeln" können Sie die Fülle auch mit 300 - 400 g sehr fein gehackten Bratenfleischresten zubereiten. So erhalten Sie die beliebten „Fleischknödel". Die Kochzeit bleibt gleich.

Herzhafte Kümmelknödel

1 kg mehlig kochende Erdäpfel (Kartoffeln)	100 g würfelig geschnittener Speck
1/4 Stück Sellerie	4 mittlere Zwiebeln
1 EL Kümmel	1 Bund Schnittlauch
2 EL geh. Petersilie	1 gestr. EL Majoran, weißer Pfeffer
Salz	1 TL gem. Kümmel
6 Eidotter (Eigelb)	100 g Butter
50 g Stärkemehl	

● Die Erdäpfel waschen, in einen großen Topf geben, Selleriewürfel, Kümmel, Petersilie sowie

Salz dazugeben und zugedeckt in ca. 25 - 30 Minuten garkochen.

● Abschrecken, schälen, durchpressen und in eine Rührschüssel geben. Noch heiß mit den Eidottern und dem Stärkemehl verrühren.

● Den Speck in einer Pfanne ausbraten, die geschälten und feingeschnittenen Zwiebeln dazugeben. Mitdünsten. Beides zusammen mit dem feingehackten Schnittlauch, Majoran, Pfeffer und Kümmel in den Erdäpfelteig einrühren. Hierfür am besten den Elektroquirl einsetzen. Mit nassen Händen gleichgroße Knödel formen und diese in der heißen Butter goldgelb ausbacken.

Grießknödel

100 g weiche Butter	3 altbackene Semmeln
2 Eidotter (Eigelb), 2 Eier	ca. 1/8 l lauwarme Milch
Salz, weißer Pfeffer, frisch geriebener Muskat	geriebenen Käse (z.B. Emmentaler)
180 - 200 g Grieß	ca. 1/2 Tasse angebräunte Butter nach Belieben
1 1/2 - 2 EL kaltes Wasser	

● Die Butter in eine Rührschüssel geben und sehr schaumig rühren. Nacheinander die Eidotter, die ganzen Eier, Gewürze, Grieß sowie Wasser dazugeben und alles gut durchkneten. Hierzu am besten den Elektroquirl einsetzen.

● Die Masse zugedeckt etwa 1 1/2 Stunden lang rasten lassen.

● Die Semmeln kleinschneiden, mit der Milch begießen, leicht ausdrücken und gleichmäßig untermischen.

● Nun mit nassen Händen gleichgroße Knödel formen, diese in siedendes Salzwasser einlegen, dann die Kochplatte herunterschalten und die Knödel für ca. 30 Minuten garziehen lassen.

● Mit einer Schaumkelle herausheben, in eine Schüssel geben, mit der Butter begießen und mit Käse bestreuen.

Empfehlung:
Diese Grießknödel eignen sich als Beilage zu Wildgerichten und Schmorbraten.

Grieß-Erdäpfelknödel (aus Oberösterreich)

300 g vorgekochte, mehlige Erdäpfel (Kartoffeln)	1 - 2 Eier
1 EL geschmolzene Butter	Salz, weißer Pfeffer
100 g ausgelassener Speck	etwas Majoran
	300 g Grieß

● Die in der Schale vorgekochten Erdäpfel schälen, noch heiß durchpressen und in eine Schüssel geben. Butter und Speck daruntermischen. Ei, Gewürze sowie Grieß dazugeben und alles zu einer geschmeidigen Masse verarbeiten. Etwa 20 - 30 Minuten durchziehen lassen.

● Dann daraus nicht zu große Knödel formen.

● Etwa 25 - 30 Minuten lang in reichlich gesalzenem Wasser mehr ziehen als kochen lassen.

Empfehlung:
Diese Knödel serviert man gerne mit gekochtem Sauerkraut oder Krautsalat.

Mühlviertler Mehlknödel

375 g helles, gesiebtes Mehl, 4 Eier, 1/8 l Milch	1 TL Salz
	Salzwasser zum Kochen

● Aus Mehl, Eiern, Milch sowie Salz einen glatten Teig abschlagen und ca. 30 Minuten rasten lassen.

● Daraus eher kleine Knödel formen, diese sogleich in kochendes Salzwasser geben und zugedeckt etwa 15 - 20 Minuten lang garziehen lassen. Mit einer Schaumkelle herausheben und sofort servieren.

Tip:
Zum Anrichten die Mehlknödel noch mit gerösteten Semmelbröseln bestreuen.

Empfehlung:
Die Mehlknödel passen gut zu Schweinsbraten mit viel Soße. In Oberösterreich oder im Salzburger Land serviert man sie auch gerne zu Selchfleisch mit Sauerkraut.

Tiroler Plenten-Knödel

4 altbackene Semmeln

100 g magerer, durchwachsener Bauchspeck

1 kleine Zwiebel

reichlich Petersilie und Schnittlauch

2 Eier

ca. 1/4 l Milch

6 - 8 EL Schwarzplentenmehl (Buchweizenmehl)

3 - 4 EL Weizenmehl

Salz, weißer Pfeffer

● Die Semmeln kleinschneiden und in eine Schüssel geben. Den Speck fein würfeln und in einer Pfanne knusprig ausbraten. Die geschälte, kleingehackte Zwiebel dazugeben und glasig dünsten. Beides zu den Semmeln geben. Eier mit Milch verschlagen und zusammen mit den Mehlen sowie Gewürzen hinzufügen.

● Zu einem mittelfesten Knödelteig verarbeiten und 20 - 30 Minuten rasten lassen, dann mit nassen Händen Knödel formen und diese in siedendem Salzwasser etwa 15 - 18 Minuten lang garziehen lassen.

Empfehlung:
Die Plentenknödel serviert man mit Sauerkraut oder gemischtem Salat oder man reicht sie zu „Schöpsernem" (gebratenem Hammelfleisch)

Raffinierte Reisknödel

1 mittlere Zwiebel

20 - 30 g Butter

250 g Reis

1/2 l klare Gemüse- oder Rindssuppe

2 - 3 Eier

125 g vorgekochter Sellerie

50 g gemahlene Haselnüsse

2 gekochte Erdäpfel

weißer Pfeffer, etwas Curry

2 EL geh. Petersilie

1 Knoblauchzehe

125 g feingeriebener Käse

2 - 3 Eiklar (Eiweiß)

ca. 60 g Semmelbrösel

Butterschmalz zum Ausbacken

● Die Zwiebel schälen, in Würfel schneiden und in der Butter in einem größeren Topf glasig dünsten. Den Reis dazugeben, mitdünsten. Die Gemüse- oder Rindssuppe angießen, salzen, einmal aufkochen, dann auf niedriger Stufe ca. 30 Minuten quellen lassen. In eine Rührschüssel umfüllen und zum Auskühlen beiseite stellen.

● Eier, geriebenen Sellerie und Erdäpfel, Haselnüsse, Gewürze, Petersilie sowie frisch gepreßten Knoblauch dazugeben. Zuletzt den Käse hinzufügen und alles gleichmäßig durchkneten. Hierzu am besten den Elektroquirl einsetzen. Falls der Teig noch nicht formbar ist, mit Semmelbröseln festigen.

● Die nicht allzu groß geformten Knödel durch verschlagenes Eiklar ziehen, in den Semmelbröseln panieren und anschließend, in nicht zu heißem Butterschmalz schwimmend, in ca. 7 - 10 Minuten goldgelb ausbacken.

Tip:
Zu den Reisknödeln paßt am besten ein bunt gemischter Salat.

Fischbacher „Viereckerte“

Teig:
500 g Mehl, 3 Eier

1 EL Kernöl, Salz

ca. 1 - 1 1/2 Tassen lauwarmes Wasser

Füllung:
350 - 400 g Bratenfleischreste

1 größere Zwiebel

1 - 2 EL Butter

2 EL geh. Petersilie

Salz, Pfeffer

Salzwasser

geschmolzene Butter

● Das Mehl in eine Rührschüssel sieben. Eier, Öl, Salz und so viel Wasser dazugeben, daß ein geschmeidiger Nudelteig entsteht. Diesen etwa 20 Minuten rasten lassen.

● Inzwischen die Fleischfülle vorbereiten. Hierzu die Fleischreste sehr fein schneiden. Die Zwiebel schälen und würfeln. Die Butter in einer größeren Pfanne erhitzen, die Zwiebel darin glasig dünsten, das Fleisch dazugeben, mitrösten und mit Petersilie sowie Salz und Pfeffer kräftig würzen.

● Die Arbeitsfläche mit Mehl bestäuben, den Teig in gleich große Stücke zerteilen und jedes Stück etwa 15x15 cm groß austreiben. Hierzu am besten ein Nudelholz einsetzen. Etwas von der Fleischfülle daraufgeben. Die Teigplatten zusammenlegen und mit Hilfe eines Zahnstochers feststecken.

● In einem größeren Topf reichlich gesalzenes Wasser erhitzen, die Knödel hineingeben, einmal aufkochen und anschließend auf niedriger Stufe in 10 - 15 Minuten garziehen lassen.

● Mit Hilfe einer Schaumkelle vorsichtig herausheben, gut abtropfen lassen und, mit geschmolzener Butter übergossen, sofort servieren.

Empfehlung:
Zu den „Viereckerten“ paßt am besten ein Krautsalat.

„Hoadnknödel" (Heidenknödel)

200 - 250 g Heidenmehl (Buchweizenmehl)
150 g altbackenes Weißbrot oder Knödelbrot
1 - 2 Eier
Salz, Pfeffer
125 g geselchter (geräucherter) Speck
1 - 2 EL geh. Petersilie
30 g Butterschmalz oder Grammelfett (Griebenschmalz)
ca. 1/8 l heißes Wasser
ca. 1/4 l heiße Rindssuppe
Salzwasser zum Kochen

● Das Heidenmehl mit dem Knödelbrot mischen. Eier, Salz, Pfeffer sowie gehackte Petersilie zugeben. In Butterschmalz oder Grammelfett angeröstete Speckwürfel darüber verteilen.

● Heiße Flüssigkeit hinzufügen und unter beständigem Kneten einen festen Knödelteig herstellen. Hierzu am besten die Küchenmaschine oder den Elektroquirl einsetzen.

● Etwa 30 Minuten lang rasten lassen.

● In einem größeren Topf reichlich gesalzenes Wasser erhitzen. Mit nassen Händen aus der Masse kleine Knödel formen, in das Wasser geben, einmal aufkochen und anschließend auf niedriger Stufe in 10 - 12 Minuten garziehen lassen.

● Mit Hilfe einer Schaumkelle vorsichtig herausheben, gut abtropfen lassen.

Tip:
Die „Hoadnknödel" schmecken besonders gut zu Geselchtem (geräuchertes Schweinefleisch), zu Wild und Sauerkraut. Kalt aufgeschnitten, eignen sie sich auch als Suppeneinlage.

Hirseknödel

200 - 250 g Hirse, Wasser	1 - 2 Eier
1/2 - 3/4 l Milch	weißer Pfeffer
Salz	frisch geriebener Muskat
30 g Butter	2 - 3 EL Mehl
125 g Selchspeck	30 - 40 g Butter

● Die Hirse gründlich waschen und gut abtropfen lassen.

● Milch, Salz und Butter in einem größeren Topf aufkochen lassen, dann die Hirse nach und nach einrühren. Die Kochplatte herunterschalten und bei gelegentlichem Umrühren die Mischung etwa 30 Minuten lang quellen lassen. Die Kochplatte ausschalten, nochmals gut durchrühren und zugedeckt weitere 30 Minuten stehen lassen. Anschließend in eine weite Schüssel geben und zum Auskühlen beiseite stellen.

● Feingeschnittenen Selchspeck, Ei, Gewürze, sowie Mehl dazugeben und gleichmäßig unterkneten.

● Aus dieser Mischung Knödel formen, in Salzwasser für ca. 15 - 18 Minuten garkochen und, mit zerlassener Butter übergossen, heiß servieren.

Empfehlung:
Die Hirseknödel können auch mit etwas Reibkäse bestreut werden. Dazu serviert man am besten einen gemischten Salat.

Böhmische Germknödel

500 g helles, gesiebtes Mehl	1/2 TL Salz, 1 Prise Zucker
20 g Germ (Hefe)	1 - 2 Eier
ca. 1/4 l lauwarme Milch	4 altbackene Semmeln

● Aus Mehl, Germ, Milch, Salz, Zucker und Ei einen weichen Germteig anrühren und zugedeckt ca. 30 Minuten gehen lassen. Die würfelig geschnittenen Semmeln unterkneten und den Teig weitere 15 Minuten zugedeckt stehen lassen.

- Reichlich gesalzenes Wasser in einem hohen Topf erhitzen.
- Mit einem Löffel Teig abstechen und vorsichtig mit Hilfe des Löffels in der hohlen, bemehlten Hand mittelgroße Knödel formen. Diese in das Wasser einlegen. Einmal aufkochen, dann zugedeckt auf niedriger Stufe etwa 15 - 20 Minuten garziehen lassen. Dabei einmal wenden.
- Die Knödel vorsichtig mit einer Schaumkelle herausheben und sofort servieren.

Empfehlung:
Die Böhmischen Germknödel passen zu Braten aller Art, auch zu Rostbraten und Gemüsegerichten.

Tip:
Um sicher zu sein, ob die Knödel gar sind, kann man sie mit einem länglichen Holzspieß oder einer Stricknadel an verschiedenen Stellen anstechen. Haftet kein Teig mehr an, so ist die Garzeit ausreichend.

Gebackene „Kasknödel" aus dem Salzburger Land

5 - 6 altbackene Semmeln	200 g Almkäse (Sauerkäse)
1/8 - 1/4 l heiße Milch	2 - 3 gekochte Erdäpfel (Kartoffeln)
2 - 4 EL Mehl	2 Eier
Salz, weißer Pfeffer	zum Ausbacken Butterschmalz
2 EL gehackte Petersilie	
1 kleine Zwiebel, in 1 EL Butter angeröstet	

- Die Semmeln kleinschneiden, in eine Schüssel geben und mit der Milch begießen. Umrühren und etwas ziehen lassen.
- Dann Mehl, Gewürze, gehackte Petersilie, angeröstete Zwiebel, kleinwürfelig geschnittenen Käse, geriebene Erdäpfel, sowie Eier dazugeben und alles gut durchkneten. Hierzu am besten den Elektroquirl einsetzen,
- Mit feuchten Händen Knödel formen und diese,

in nicht zu heißem Butterschmalz schwimmend, langsam goldgelb ausbacken.

Empfehlung:
Zu den „Kasknödeln" servieren Sie am besten einen Gurken- Erdäpfelsalat.

Interessant für Sie:
Auch in Vorarlberg kennt und schätzt man „Kasknödel", diese werden dort jedoch in reichlich gesalzenem Wasser gargekocht und mit feingehackten, knusprig gerösteten Zwiebeln angerichtet.

Oberinntaler Kasknödel (Tirol)

300 g altbackenes Weißbrot	100 g Butter
4 Eier	150 g Käse (z.B. Emmentaler)
1/8 l Milch	60 g Mehl
1 Zwiebel, Salz, Muskat	

● Das Brot in feine Scheiben schneiden. Die Eier mit der Milch versprudeln und über das Brot geben. Die geschälte, fein geschnittene Zwiebel in Butter glasig dünsten. Den Käse in sehr feine Würfel schneiden und alles zusammen mit dem Mehl hinzufügen. Gut mischen, mit etwas Salz und Muskat würzen.

● Aus der Masse 8 - 10 Knödel formen, in aufgekochtes Salzwasser geben und darin langsam ziehend ca. 15 Minuten garen lassen.

Kraut-Knödel aus Niederösterreich

1 kleiner Krautkopf (ca. 500 g)	250 g Mehl
Salz	2 Eier
30 g Butter	2 EL Rahm (süße Sahne)
1 mittelgroße Zwiebel	Salz, weißer Pfeffer
1 Knoblauchzehe	frisch geriebener Muskat
50 g Semmelbrösel	2 - 3 EL Butter
	1 EL Semmelbrösel

● Den Krautkopf in einzelne Blätter zerlegen, mit heißem Wasser überbrühen, dann fein schneiden, in eine Schüssel geben und salzen. Etwa 20 Minuten stehen lassen, dann das Wasser ausdrücken.

● Kleingehackte Zwiebel und zerdrückten Knoblauch in Butter rösten, das Kraut dazugeben und mitdünsten. Die Semmelbrösel daruntermischen und das Ganze gut auskühlen lassen.

● Mehl, Eier, Rahm und Gewürze beigeben, gut durchmischen und weitere 15 - 20 Minuten rasten lassen. Aus dem Teig eine Rolle formen, diese in gleichgroße Scheiben schneiden, daraus die einzelnen Knödel herstellen.

● Etwa 20 Minuten lang in leicht siedendem Salzwasser mehr ziehen als kochen lassen.

● Die Krautknödel in gerösteten Bröseln abschmelzen.

Schwammerl (Pilz)-Knödel

400 g gemischte „Schwammerl" (Pilze) z.B. Champignons, Butterpilze
60 g Butter
1 größere Zwiebel
gut 1/4 l Milch, 3 Eier
Salz, weißer Pfeffer
frisch gemahlener Muskat
10 altbackene Semmeln od. 400 - 450 g Knödelbrot
3 EL geh. Petersilie
ca. 100 g feiner Grieß oder Mehl

● Die Schwammerl putzen, waschen, fein schneiden und mit der würfelig geschnittenen Zwiebel in heißer Butter dünsten.

● Milch, Eier und Gewürze versprudeln und mit den Schwammerln zu den sehr fein geschnittenen Semmeln oder dem Knödelbrot geben. Gehackte Petersilie und Grieß oder Mehl hinzufügen und die Masse sehr gut durchkneten, bis die Semmelstückchen vollständig eingearbeitet sind.

Hierzu am besten den Elektroquirl einsetzen.

● Etwa 30 Minuten lang rasten lassen.

● Aus dem Teig nicht zu große Knödel formen und in siedendem Salzwasser in ca. 15 Minuten garko-

chen oder wie „Serviettenknödel“ (Foto) als Rolle zubereiten. Dann die Garzeit auf ca. 50 Minuten ansetzen.

Empfehlung:
Die Schwammerlknödel passen gut zu gedünstetem Gemüse, auch zu Wildgerichten oder als Einlage in Suppen.

Tip:
Anstelle der Champignons oder Butterpilze können Sie die Knödel auch mit „Eierschwammerln“ (Pfifferlingen) oder Steinpilzen zubereiten.

Tiroler Spinatknödel

- 300 g altbackenes Weißbrot
- knapp 1/4 l warme Milch
- 750 g vorgekochter, passierter Spinat
- 1 gepreßte Knoblauchzehe
- 60 g Butter, 1 kl. Zwiebel
- Salz, Pfeffer, Muskat, 2 Eier
- 2 EL Mehl, 50 g Speck
- 1 - 2 EL Semmelbrösel
- 3 EL geriebener Parmesan

● Das Brot in feine Scheiben schneiden und mit der Milch übergießen. Vorgekochten, passierten Spinat mit Knoblauch würzen. Kleingeschnittene Zwiebel in zerlassener Butter anschwitzen, Spinat dazugeben und ca. 5 Minuten schmoren lassen. Mehl und Semmelbrösel zur Brotmasse geben, die verquirlten Eier, den Spinat und kleingewürfelten Speck dazugeben. Gut vermischen.

● Aus der Masse 10 - 12 kleine Knödel formen, in aufgekochtes Salzwasser legen, darin langsam ziehend ca. 15 - 20 Minuten garen lassen.

● Abgetropft mit Parmesan bestreuen und mit zerlassener Butter überzogen sofort servieren.

Mühlviertler G'hackknödel

<u>Knödelteig:</u>
500 g Mehl, Salz, Wasser

<u>Füllung:</u>
100 g gekochter Schweinsbraten

100 g gekochter Rindsbraten

150 g Wurstreste

1 Zwiebel

1 Knoblauchzehe

Salz, Pfeffer, Majoran

1 - 2 EL Butter

gehackte Petersilie

- Aus Mehl, Wasser und Salz einen nicht zu festen Mehlteig herstellen. Dünn ausrollen und knödelgroße Stücke daraus formen.
- Die Fleisch- und Wurstzutaten sehr fein hacken. Mit geschälter, kleingwürfelter Zwiebel und Knoblauchzehe mischen, abschmecken. Zu nußgroßen Kugeln formen, in die dünne Teighülle einrollen und zu Knödeln zusammendrehen. In reichlich Salzwasser ca. 15 - 20 Minuten garen. Abtropfen lassen, auf eine Platte geben, mit geschmolzener Butter überziehen und mit gehackter Petersilie bestreut servieren.

Tip:
Die Knödelmasse kann man auch aus Erdäpfelteig zubereiten. (Foto)

Gebackene Fischknödel

500 g vorgekochter od. gebratener Fisch, z.B. Hecht, Zander oder Seefisch	Salz, Pfeffer
75 g weiche Butter	frisch geriebener Muskat
2 Eidotter (Eigelb)	1 EL geh. Petersilie
1 - 2 EL Semmelbrösel	2 Eiklar (Eiweiß)
300 g vorgekochte, mehlige Erdäpfel (Kartoffeln)	30 g Semmelbrösel
	Butterschmalz zum Ausbacken

● Das Fischfleisch fein säuberlich entgräten und zweimal durch die feine Scheibe des Fleischwolfes drehen oder in der Küchenmaschine pürieren.

● Die Butter in eine Rührschüssel geben und sehr schaumig schlagen. Eidotter, Semmelbrösel, geriebene Erdäpfel sowie das Fischmus dazugeben. Kräftig würzen und die Petersilie darüberstreuen, dann die Masse gleichmäßig durchkneten. Falls der Teig noch nicht formbar ist, mit Semmelbröseln festigen.

● Die nicht allzu groß geformten Knödel durch verschlagenes Eiklar ziehen, in den Semmelbröseln panieren und anschließend, in nicht zu heißem Butterschmalz schwimmend, langsam goldgelb ausbacken. Das dauert ca. 6 - 8 Minuten.

Empfehlung:
Zu den gebackenen Fischknödeln paßt am besten Reis, ein gemischter Salat und eine kräftige Paradeiser (Tomaten)-Soße.

Wiener Topfenknödel mit Zwetschkenröster

500 g Topfen (Quark)	100 g Zucker, Salz
4 Eier	1 Pa Vanillezucker
120 g Semmelbrösel	100 g Semmelbrösel

60 g Butter	Zucker, Zimt, Rum, etwas Zitronensaft
500 g reife Zwetschken	

- Den Topfen gut abtropfen lassen, in eine Schüssel geben, mit Eiern, Semmelbröseln, Zucker, Salz und Vanillezucker zu einem geschmeidigen Teig verarbeiten. Ca. 45 Minuten rasten lassen.

- Mit feuchten Händen kleine Knödel formen, in kochendes Salzwasser geben und auf niedriger Stufe ca. 10 - 12 Minuten ziehen lassen. Herausnehmen, abtropfen und in mit Butter gerösteten Semmelbröseln wälzen.

- Für den Zwetschkenröster die Früchte waschen, halbieren und mit Zucker, Zimt, Rum sowie Zitronensaft in einer Pfanne erhitzen.
Separat zu den Knödeln servieren.

Zwetschkenknödel auf Vanillecreme

Knödel:
- 100 g Topfen (Quark)
- 150 g weiches Butterschmalz
- 1 Eidotter (Eigelb)
- 100 ml lauwarme Milch
- 1/2 TL Salz
- 200 g Mehl
- 20 frische oder getrocknete Zwetschken (Pflaumen)
- 20 Stück Würfelzucker
- 100 g Lebkuchen
- 1 Pa Vanillezucker

Vanillecreme:
- 300 g Topfen (Quark)
- Saft 1 Zitrone
- ausgeschabtes Mark 1 Vanilleschote
- 100 g Zucker
- etwas Rahm (süße Sahne)

● Den gut abgetropften Topfen in eine Rührschüssel geben. 50 g Butterschmalz, Eidotter, Milch sowie Salz dazugeben. Gut durchrühren. Das Mehl dazusieben und mit dem Elektroquirl so lange durchkneten, bis sich der Teig vom Schüsselboden löst.

● Etwa 1 Stunde lang rasten lassen.

● Anschließend den Teig auf bemehlter Arbeitsfläche etwa 3 - 4 mm dick ausrollen und in 20 Quadrate zerteilen. Auf jedes Teigstück eine frische, gewaschene, entkernte Zwetschke oder eine getrocknete Frucht geben und mit einem Zuckerwürfel belegen. Die Teigecken übereinanderschlagen und von Hand zu Knödeln formen.

● In einem großen Topf reichlich gesalzenes Wasser zum Kochen bringen, die Knödel einlegen, die Kochstelle herunterschalten und die Knödel bei mittlerer Hitze in 12 - 15 Minuten garziehen lassen.

● Inzwischen das restliche Butterschmalz erwärmen. Die Lebkuchen auf einer groben Reibe zerkleinern und im Schmalz gut durchrösten.

● Die Knödel herausnehmen, abtropfen lassen, auf Küchenpapier legen und warmhalten.

● Für die Vanillecreme alle Zutaten verrühren, auf Teller verteilen, die Knödel schnell in den Lebkuchenbröseln wälzen und dekorativ darauf anrichten. Sofort servieren.

Rahm-Topfenknödel mit Backobst

Für die Knödel:
50 g weiche Butter

125 g Zucker

3 Eier, 1 Eidotter (Eigelb)

1 Prise Salz

Saft 1/2 Zitrone, abgeriebene Schale 1 unbehandelten Zitrone

150 g altbackenes Weißbrot oder Knödelbrot

50 g Butter, 30 g Mehl

800 g Topfen (Quark)

1/8 l saurer Rahm

Zimtzucker zum Bestreuen

Für das Backobst:
250 g gemischtes Backobst (Zwetschken, Feigen, Äpfel, Marillen, Kletzen)

1/4 l trockener Weißwein

1/2 l Wasser

1 TL abgeriebene Schale einer unbehandelten Zitrone

1 Stück Stangenzimt

2 EL Zucker

● Die weiche Butter in eine Rührschüssel geben, mit dem Zucker, den Eiern und dem Eidotter sehr schaumig rühren. Hierzu am besten den Elektroquirl einsetzen. Salz, Zitronensaft sowie - schale dazugeben.

● Das in Würfeln geschnittene, in Butter angeröstete, Weiß- oder Knödelbrot mit Mehl bestauben und zur Schaummasse geben. Gleichmäßig untermischen.

● Den gut abgetropften Topfen mit Sauerrahm glattrühren, hinzufügen und alles zu einem geschmeidigen Teig verarbeiten.

● Diesen mindestens 4 Stunden lang kühl rasten lassen.

● Inzwischen das Backobst gründlich waschen und in der Mischung aus Wein mit Wasser etwa 2 Stunden lang einweichen.

● Anschließend alles in einen Topf umfüllen und unter Zugabe von Zitronenschale sowie Zimt zum Kochen bringen. Die Kochplatte herunterschalten und das Obst auf niedriger Stufe weichkochen. Abkühlen lassen.

● Aus dem Topfenteig Knödel formen, diese in siedendes Salzwasser geben und bei mittlerer Hitze in 20 - 25 Minuten garziehen lassen. Die Knödel mit Hilfe einer Schaumkelle herausheben, gut abgetropft, auf Tellern verteilen,mit Zimtzucker bestreuen und das Backobst dekorativ dazulegen. Noch warm servieren.

Tip:
Nach Geschmack kann man gestoßenen Mohn oder feine Semmelbrösel auf die Knödel streuen. Auch eine Ribisel - Rotweinsoße paßt gut dazu. Das Rezept finden Sie auf der Seite 72.

Erdbeerknödel

500 g Topfen (Quark)	500 g kleinere, feste Erdbeeren
3 - 4 EL Mehl	Butter, Semmelbrösel
1 Ei	Staubzucker (Puderzucker) zum Bestäuben
1 Eiklar (Eiweiß)	
etwas Zucker, Salz	

● Alle Zutaten zu einem geschmeidigen Teig verarbeiten und etwa 20 - 30 Minuten rasten lassen. Mit einem nassen Löffel kleine Knödel abstechen, diese mit je einer gewaschenen, gut abgetropften Erdbeere füllen und von Hand nachformen.

● Wenig gesalzenes Wasser erhitzen und die Knödel in ca. 5 - 8 Minuten garkochen.

● Vorsichtig herausnehmen, in brauner Butter sowie Semmelbröseln wälzen und mit reichlich Staubzucker bestreut servieren.

Tip:
Dazu paßt eine Erdbeersoße (Rezept Seite 73), die mit süßem, geschlagenem Schlagobers (Sahne) vermischt wird.

Topfen-Knödel mit Pignoli auf Erdbeer-Rhabarbersoße

Knödelteig:
- 50 g weiche Butter
- 30 g Zucker
- 3 - 4 Eier
- 1 Prise Salz
- 500 g Topfen (Quark), im Sieb abgetropft oder im Tuch ausgedrückt
- 180 - 200 g Grieß
- 1 Pa Vanillezucker, abgeriebene Schale 1/2 unbehandelten Zitrone
- 4 EL Rosinen
- 1/2 TL Zimt

Soße:
- 150 g Erdbeeren
- 150 g Rhabarber
- 30 - 40 g Zucker
- 2 gestr. EL Stärkemehl
- je 1/2 EL Zitronensaft und Weinbrand
- 2 EL gehackte Pignoli (Pistazien) und etwas Zitronenmelisse als Garnitur

● Butter, Zucker und Eier in eine Rührschüssel geben und sehr schaumig rühren. Salz, Topfen,Grieß, Rosinen, Zimt, Vanillezucker sowie Zitronenschale dazugeben und alles gut durchkneten. Hierzu am besten den Elektroquirl einsetzen. Anschließend den Topfenteig etwa 30 Minuten lang rasten lassen.

● Reichlich gesalzenes Wasser zum Kochen bringen.

● Aus dem Teig von Hand kleine Knödel formen, in das Wasser geben, einmal kurz aufkochen, dann bei halboffenem Deckel ca. 12 Minuten ziehen lassen.

● Mit einer Schaumkelle herausheben und auf Küchenpapier abtropfen lassen.

● Für die Soße Erdbeeren und Rhabarber putzen, waschen, den Rhabarber in Stücke schneiden und die Hälfte der Erdbeeren halbieren. Die übrigen Beeren pürieren, mit Wasser auf 1/4 Liter auffüllen, Zucker und Rhabarberstücke dazugeben, in einen mittelgroßen Topf füllen und kochen lassen. In wenig Wasser glattgerührtes Stärkemehl

dazugeben, aufkochen und eindicken lassen. Den Topf beiseite stellen, die restlichen Erdbeeren dazugeben und die Soße mit Zitronensaft sowie Weinbrand abschmecken.

● Abgekühlt auf Tellern verteilen, die Topfenknödel daraufgeben, mit gehackten Pignoli bestreuen und mit Zitronenmelisse garnieren.

Wachauer Marillenknödel aus Erdäpfelteig

Erdäpfelteig: 400 - 500 g mehlige Erdäpfel (Kartoffeln), vorgekocht oder eine Fertigpackung, z.B. von Pfanni, verwenden.	
1 Prise Salz	
125 -150 g Mehl	
30 g feiner Grieß	
abgeriebene Schale 1/2 ungespritzten Zitrone	
30 g weiche Butter	
2 Eidotter (Eigelb)	
Füllung: ca. 500 g Marillen (Aprikosen)	
Würfelzucker	
ca. 3 l Salzwasser zum Kochen	
100 g Butter	
6 - 7 EL Semmelbrösel	
3 EL Staubzucker	

● Die Erdäpfel heiß schälen und durch eine Kartoffelpresse in eine Rührschüssel drücken. Salz, gesiebtes Mehl, Grieß, abgeriebene Zitronenschale, weiche Butter und Eidotter hinzufügen und alles zusammen zu einem glatten Teig verarbeiten. Diesen ca. 30 Minuten zugedeckt rasten lassen.

● Inzwischen die Marillen waschen, die Kerne herausdrücken und stattdessen mit je 1 Stück Würfelzucker füllen.

● Den Teig zu einer ca. 5 - 7 cm dicken Rolle formen und in 30 - 40 g schwere Stücke aufteilen. Diese etwas flachdrücken

und die vorbereiteten Marillen damit umhüllen, dann gut andrücken und nachformen.

● Das Salzwasser erhitzen, die Knödel vorsichtig hineinlegen, einmal kurz aufkochen lassen, dann die Kochstelle herunterschalten und die Knödel in 12 - 17 Minuten - je nach Größe - garen.

● Butter und Semmelbrösel anrösten.

● Die Marillenknödel aus dem Wasser heben, abtropfen lassen, in den Butterbröseln wälzen und mit Staubzucker bestreut sofort servieren.

Tip:
Anstelle der Marillenknödel können Sie mit dem Erdäpfelteig auch Zwetschken-, Pfirsich-, Trauben- oder Erdbeerknödel zubereiten.

Waldviertler Birnenknödel

500 g mehlig kochende Erdäpfel (Kartoffeln)	abgeriebene Schale 1/2 unbehandelten Zitrone
1 - 2 Eier	350 g gekochte Birnen
Salz	150 - 200 g gemahlene Haselnüsse
100 - 125 g feiner Grieß	Zucker
100 - 125 g Mehl	1/2 Tasse zerlassene Butter
1 EL Butter	
1/2 TL Zimt	

● Die Erdäpfel in der Schale kochen, noch heiß schälen und durchpressen. Mit Ei, Salz, Grieß, Mehl, Butter, Zimt sowie Zitronenschale rasch zu einem Teig vermischen. Die gut abgetropften Birnen feinwürfelig schneiden und einarbeiten.

● Die Mischung etwa 20 Minuten lang rasten lassen, dann daraus kleine Knödel formen, diese in reichlich gesalzenem Wasser etwa 15 - 20 Minuten leicht siedend garkochen und anschließend gut abtropfen lassen. In den gemahlenen Haselnüssen wälzen, überzuckern und mit zerlassener Butter beträufelt lauwarm servieren.

Feine Rosinen-Apfelknödel

75 g Rosinen, 2 EL Rum	ca. 200 g Mehl
4 Äpfel (ca. 500 - 600 g)	60 - 70 g Butter
1 EL Zitronensaft	60 - 70 g Zucker
1/4 TL Salz, 1 Ei	1 TL Zimt

● Die Rosinen waschen, gut abtropfen lassen, mit dem Rum beträufeln und zum Durchziehen beiseite stellen.

● Die Äpfel schälen, vierteln, vom Kernhaus befreien und grob raspeln. Mit Salz, versprudeltem Ei und gesiebtem Mehl gut vermischen. Die Rosinen dazugeben und solange kneten, bis ein gut formbarer Teig entsteht. Diesen

zugedeckt mindestens 1 Stunde lang rasten lassen.

● Reichlich gesalzenes Wasser erhitzen.

● Aus der Apfelteigmasse mit feuchten Händen mittelgroße Knödel formen, diese in das heiße Wasser einlegen, die Kochstelle herunterschalten und die Apfelknödel in ca. 15 Minuten garziehen lassen.
Herausheben und gut abtropfen lassen.

● Die Butter schmelzen, mit Zucker und Zimt verrühren, die Rosinen-Apfelknödel damit überziehen und noch warm servieren.

Schwarzbeeren-Germknödel aus Tirol

500 g helles, gesieb. Mehl	1 EL Sauerrahm (saure Sahne)
30 g Germ (Hefe)	1/2 TL Salz
60 g Zucker	300 g Schwarzbeeren (Heidelbeeren)
ca. 1/4 l lauwarme Milch	150 g Butterschmalz
2 Eier	50 g Zucker, 1 EL Zimt
60 g Butterschmalz	
1 EL Öl	

● Für den Germteig das Mehl in eine Rührschüssel geben, in die Mitte eine Vertiefung eindrücken, Germ zerbröckeln, hinzugeben und mit etwas Milch sowie Zucker verrühren. Dieses „Dampfl" zugedeckt an einem warmen Ort ca. 20 - 30 Minuten gehen lassen.

● Die restliche Milch, den restlichen Zucker, Eier, angewärmtes Butterschmalz, Öl, Sauerrahm sowie Salz dazugeben und zu einem geschmeidigen Teig verarbeiten, der sich gut vom Schüsselrand lösen sollte.

● Der Teig muß anschließend zugedeckt nochmals 1 Stunde lang zum Aufgehen warm stehen.

● Inzwischen die Schwarzbeeren sortieren, waschen und gut abtropfen lassen.

● Den Germteig auf bemehlter Arbeitsfläche ca. 2 cm dick austreiben, in kleine Quadrate schneiden, darauf die Schwarzbeeren verteilen, an den Ecken zusammenfassen und durch Drehen zu Knödeln formen.

● In einem ausreichend großen Topf reichlich gesalzenes Wasser zum Kochen bringen, die Knödel nacheinander einlegen, einmal aufkochen lassen, umdrehen, zudekken und auf niedriger Stufe ca. 15 - 20 Minuten garziehen lassen.

● Mit einer Schaumkelle vorsichtig herausheben und auf Küchenpapier gelegt abtropfen lassen.

● Das Butterschmalz erwärmen, Zucker mit Zimt mischen.

● Die Knödel auf Tellern anrichten und mit Zimtzucker bestreuen. Sofort servieren.

Germknödel mit Mohn

250 g Mehl	1 Eidotter (Eigelb)
knapp 1/8 l lauwarme Milch	30 g Butter
15 g Germ (Hefe)	1 - 2 TL Rum, etwas Zimt
1 EL Zucker, 1 Prise Salz	50 g gem. Mohn
ca. 100 g „Powidl" (Zwetschkenmus)	60 g Staubzucker (Puderzucker)
	50 - 60 g zerlass. Butter

● Das Mehl in eine Rührschüssel sieben. Milch, zerbröckelten Germ und Zucker gut vermischen und darübergeben. Salz, Eidotter sowie Butter hinzufügen und alles mit dem Elektroquirl zu einem glatten Teig verarbeiten. Diesen zugedeckt an einem warmen Ort ca. 30 - 40 Minuten gehen lassen.

● Powidl mit Rum und Zimt verrühren.

● Den Germteig auf bemehlter Arbeitsfläche ca. 1 cm dick ausrollen. In 4 oder 8 gleichgroße Stücke zerteilen und diese etwas breit drücken. Jedes Stückchen mit Powidl füllen, die „Nahtstellen“ gut zusammendrücken, Knödel formen und nochmals ca. 20 Minuten gehen lassen.

● Inzwischen in einem großen, weiten Topf ca. 3 l gesalzenes Wasser aufkochen. Die Knödel einlegen und von beiden Seiten auf niedriger Stufe je ca. 6 - 8 Minuten garen lassen. Mit Hilfe einer Schaumkelle herausheben, abtropfen lassen und auf Teller verteilen.

● Mohn mit Staubzucker mischen und die Germknödel damit bestreuen. Zuletzt reichlich zerlassene Butter darüberträufeln.

Tip:
Die Germknödel können Sie auch über Dampf zubereiten. Befestigen Sie dann ein angfeuchtetes, mit Fett bestrichenes Küchentuch über einem mit reichlich Wasser gefüllten Topf. Kocht der Inhalt, so werden die Knödel nebeneinander auf das Tuch gelegt und mit einer großen Schüssel abgedeckt. Die Garzeit beträgt dann ca. 14 - 18 Minuten.

Kirschenknödel aus Brandteig

1/2 l Wasser, 1 Prise Salz	1/2 TL Backpulver
1 TL Zucker	etwa 700 - 800 g Kirschen zum Füllen
100 g Butter	etwa 750 g Butterschmalz zum Ausbacken
300 g Mehl	Zucker zum Bestreuen
6 - 8 Eier	

● In einem mittleren Topf Wasser mit Salz und Zucker aufkochen, von der Kochplatte nehmen, das gesiebte Mehl auf einmal zugeben und die Mischung mit einem Kochlöffel glattrühren.

● Auf die Kochplatte zurückstellen und unter beständigem Rühren

„abbrennen“ lassen, bis sich ein Kloß bildet und am Topfboden eine weiße Haut absetzt.

● Herunternehmen, in eine Rührschüssel umfüllen, mit dem Elektroquirl mit Knetern auflockern und leicht abkühlen oder ausdampfen lassen. Die Eier einzeln, das heißt eines nach dem anderen, unter den Teig einarbeiten. Zuletzt das Backpulver dazugeben.

● Aus dem Teig eine Rolle formen, davon fingerdicke Scheiben abschneiden, in jede 3 - 4 entsteinte, abgewaschene und gut abgetropfte Kirschen so einwickeln, daß sie ganz von Teig umhüllt sind.

● Die Knödel werden zuerst in siedendem Salzwasser ungefähr 5 - 7 Minuten lang langsam gekocht. Dabei sollten sie sich nicht anstoßen. Nach dem Kochen gut abtropfen lassen und völlig trocken in heißem Butterschmalz knusprig ausbacken. Vor dem Auftragen mit reichlich Zucker bestreuen.

Zwetschken-Serviettenknödel mit Vanillesoße

Knödelteig:
1/2 l Milch, 200 g Grieß

4 altbackene Semmeln

1 EL Butter, 2 Eier

1 Prise Salz, 4 EL Zucker

1 TL Zimt

1 Pa Vanillezucker

abgeriebene Schale 1 unbehandelten Zitrone

500 g frische Zwetschken (Pflaumen)

3 - 5 EL Semmelbrösel bei Bedarf

reichlich Salzwasser

1 Leinenserviette oder Küchentuch, Bindfaden, Holzlöffel

Soße:
1/2 l Milch

2 Eidotter (Eigelb)

Mark 1/2 Vanilleschote

60 - 70 g Zucker

● Die Milch in einem größeren Topf erhitzen, den Grieß einstreuen und unter beständigem Rühren ziehen, die Kochplatte abschalten und die Masse etwa 5 - 8 Minuten nachquellen lassen. Ausgekühlt in eine große Rührschüssel umfüllen.

● Die feinwürfelig geschnittenen Semmeln in Butter anrösten und dazugeben. Eier, Salz, Zucker, Zimt, Vanillezucker, sowie Zitronenschale hinzufügen.

● Die Zwetschken waschen, entkernen und kleinschneiden, zur Knödelmasse geben und das Ganze mit Hilfe des Elektroquirls gleichmäßig durchkneten. Bei Bedarf Semmelbrösel einstreuen, bis der Teig eine mittelfeste Konsistenz hat.

● Das Salzwasser in einem hohen, weiten Topf aufkochen.

● Den Knödelteig mit nassen Händen zu einer länglichen Rolle formen. Auf eine befeuchtete und mit Butter bestrichene Leinenserviette (Küchentuch) legen und locker einschlagen, damit die Masse während des Kochens noch aufgehen kann. An beiden Enden durch einen Bindfaden befestigen und an einem Holzlöffel festbinden.

● Vorsichtig in das Wasser legen und zugedeckt bei mittlerer Hitze in 50 - 60 Minuten garziehen lassen.

● Inzwischen die Vanillesoße vorbereiten. Hierzu die Milch mit Eidottern verrühren, Vanillemark und Zucker dazugeben und die Mischung unter beständigem Schlagen erwärmen, jedoch nicht kochen. Leicht ausgekühlt, in eine Soßenterrine umfüllen.

● Die Knödel aus dem Wasser heben, abschrekken, das Tuch entfernen und den Serviettenknödel auf einer vorgewärmten, länglichen Platte anrichten.

● In dicke Scheiben schneiden, mit etwas Soße begießen und warm servieren.

Süße Mandel-Reisknödel

- 150 g Reis
- 3/4 l Milch
- 50 g Butter
- 50 - 60 g Zucker
- 75 g gemahlene Mandeln
- Salz, etwas Zimt
- 2 Eier
- 2 - 3 EL Zwiebackbrösel
- Butterschmalz zum Ausbacken
- Staubzucker (Puderzucker) zum Bestreuen

● Der Reis wird in der Milch, gemeinsam mit Butter, Zucker, Mandeln, Salz sowie Zimt zu einem dicklichen Brei verkocht. Ausgekühlt werden Eier und so viel Zwiebackbrösel daruntergerührt, daß sich aus dem Teig schöne, kleine Knödel formen lassen.

● In ungefähr 5 Minuten werden diese in heißem Butterschmalz goldbraun ausgebacken und, mit reichlich Staubzucker bestreut, noch warm serviert.

Verschiedene süße Soßen

Ribisel - Rotweinsoße

- 5 EL Ribisel - Gelee (Johannisbeergelee)
- 1/8 l trockener Rotwein
- 1 EL Honig, 1 EL Zucker
- 1 Pa Vanillezucker

Das Ribiselgelee mit Rotwein, Honig, Zucker und Vanillezucker aufkochen, gut durchrühren, dann abkühlen lassen. Lauwarm servieren.

Apfelsoße

- 2 mittlere Äpfel
- 2 - 3 EL Zucker
- 1/8 l trockener Weißwein
- etwas abgeriebene Schale einer unbeh. Zitrone
- Zimt

Die Äpfel schälen, vierteln, vom Kerngehäuse befreien und kleinschneiden. Unter Zugabe der restlichen Zutaten weichdämpfen, dann passieren oder abgekühlt in der Küchenmaschine pürieren. Nach Bedarf noch mit Zucker abschmecken.

Erdbeersoße

250 g Erdbeeren
etwas Zitronensaft
125 g Zucker
1 TL Vanillezucker

Die Erdbeeren waschen, die Blätter entfernen und die Früchte kleinschneiden. Im Mixer oder in der Küchenmaschine pürieren, dann mit dem Zitronensaft sowie Zucker und Vanillezucker in einen Topf geben. Unter beständigem Rühren etwa 5 Minuten kochen lassen. Abgekühlt servieren.

Nusscremesoße

6 Eidotter (Eigelb)
200 g Staubzucker (Puderzucker)
1/2 l Milch
100 g gemahlene Haselnüsse

Die Eidotter mit dem gesiebten Staubzucker sehr schaumig rühren, anschließend mit der kochendheißen Milch nach und nach verschlagen, bis die Masse sämig ist. Zwischendurch die Nüsse dazugeben. Da die Soße nicht kochen darf, setzt man die Schlagschüssel am besten in ein heißes Wasserbad. Zum Abkühlen beiseite stellen und zwischendurch immer kräftig mit einem Schlagbesen durchrühren.

Marillensoße

500 g weiche, reife Marillen (Aprikosen)
1/4 l Wasser oder Weißwein
125 g Zucker
Saft 1 Zitrone
1 Msp. Ingwer
1 cl Rum oder Marillenlikör

Die Marillen waschen, halbieren, entkernen und in Wasser oder Wein weichkochen. Anschließend durchpassieren. Das Marillenmark mit Zucker sowie Zitronensaft verrühren, ggf. mit dem Kochsud verdünnen. Mit Ingwer, Rum oder Marillenlikör abschmecken.

Überbackene Knödel

4 übrig gebliebene Semmel- oder Erdäpfelknödel
40 g Butter
125 g Rahm (süße Sahne)
175 g geriebener Emmentaler
80 g Selchspeck

● Das Backrohr auf 220 - 240°C vorheizen.

● Eine Bratreine (emailliertes Bratgeschirr) oder eine größere Auflaufform mit 20 g Butter ausstreichen. Die Knödel halbieren und mit der Schnittfläche nach unten in die Form legen.

● Die restliche Butter mit dem Rahm und dem Käse gleichmäßig vermischen. Gleichmäßig über die Knödel verteilen und die Form in die Mitte des heißen Backrohrs stellen. Nach etwa 10 Minuten die Selchspeckstreifen dazugeben und das Gericht für weitere 2 - 3 Minuten nur mit der Oberhitze gold-

braun überbacken lassen.

Tip:
Sie können die Knödel auch mit einer Masse aus

1/8 l Milch
1/8 l süßer Rahm (Sahne)
2 Eier
Salz, Pfeffer
frisch gerieb. Muskat

überziehen. Hierzu alle Zutaten verquirlen und in die Form gießen. Die Backzeit beträgt dann ca. 30 Minuten bei 180 - 210 °C

Empfehlung:
Zu den überbackenen Knödeln servieren sie am besten einen Krautsalat.

„Saure Knödel“ Südtiroler Art

4 - 6 übrig gebliebene Tiroler Speckknödel (Rezept Seite 24)	1 Prise Zucker
2 mittlere Zwiebeln	1 kleine Knoblauchzehe
weißer Pfeffer, Salz	4 - 6 EL Öl
4 - 6 EL Obstessig	4 EL frisch gehackter Schnittlauch

● Die Knödel in fingerdicke Scheiben schneiden und auf vier Tellern gleichmäßig verteilen.

● Die Zwiebeln schälen und darübergeben.

● Aus Obstessig, Salz, Pfeffer, geschältem und durchgepreßtem Knoblauch, Öl und evtl. etwas warmen Wasser eine pikant abgeschmeckte Marinade anrühren. Diese gleichmäßig über die Knödel gießen, etwas durchziehen lassen und anschließend mit Schnittlauch bestreut servieren. Auch kleingewürfelte Wurst - oder Schinkenstreifen sowie grob geriebener Käse passen gut zu den „Sauren Knödeln“.

Geröstete Knödel

Zum Rösten eignen sich besonders Knödel aus rohen Erdäpfeln (Kartoffeln) sowie Semmel - oder Serviettenknödel. Für geröstete Knödel mit Ei gibt man etwa 50 g Fett in eine Pfanne, gibt 3 - 4 kleingeschnittene Knödel darauf und übergießt sie mit 2 - 3 verschlagenen Eiern. Bei mäßiger Hitze wird, unter beständigem Wenden, die Mischung so lange durchgeröstet, bis alles gut gebräunt ist. Anstelle der Eier läßt sich genau so gut 150 g feinwürfelig geschnittener Speck verwenden. Auch Reste von gekochtem oder gebratenem Fleisch sind bestens verwendbar. Zuletzt wird das Gericht kräftig gewürzt und, mit gehacktem Schnittlauch bestreut, heiß serviert.

„Knödelschmarrn“ Wiener Art

4 - 6 Semmel-, Speck- oder Erdäpfelknödel, vorgekocht	2 Eier
60 - 70 g Butter	1/2 Tasse Rahm (süße Sahne)
2 - 3 EL Semmelbrösel	frisch geriebener Muskat
Salz, weißer Pfeffer	2 - 3 EL geh. Schnittlauch

● Die Knödel blättrig schneiden und in heißer Butter unter Zugabe der Semmelbrösel goldbraun rösten. Zwischendurch würzen.

● Die Eier mit Rahm versprudeln, den Muskat dazugeben, über die Knödel geben und so lange mitrösten, bis die Masse stockt.

● Mit frisch gehacktem Schnittlauch bestreut servieren.

Weitere Tips für die Verwendung

● Schon **vorgekochte Knödel** lassen sich kurzzeitig im Kühlschrank lagern und bei Bedarf in reichlich heißem Wasser oder, bereits auf Tellern angerichtet, im Mikrowellengerät wiedererwärmen. Für eine längere Lagerung muß man Sie jedoch in gefriergeeigneten Kunststoffbeuteln oder -behältern einfrieren. Bei Bedarf lassen Sie sich dann, am besten in siedendem Wasser, auftauen und erwärmen. Zum Einfrieren sind alle eher „festen“ Knödel wie Fleisch-, Leber-, Milz- oder Markknödel geeignet.

● **Reste von pikanten Knödeln**, in Scheiben oder Würfel geschnitten, eignen sich auch als Einlage, beispielsweise für Gemüsesuppen.

● **Reste von süßen Knödeln**, in Scheiben geschnitten, sind auch als Nachspeise geeignet, wenn Sie in erhitzter Butter in einer Pfanne von beiden Seiten goldbraun ausgebacken werden. Dann mit Zimtzucker bestreuen, eine Fruchtsoße dazureichen oder mit gedünstetem Obst servieren. Kleingeschnitten sind sie auch eine gute Einlage für süße Suppen.

Stichwortverzeichnis

Zu den Rezepten:
Alle Rezepte sind für vier Personen berechnet, nur die Rezeptmenge einiger Mehlspeisen ist etwas größer gewählt, da diese gerne auch als Hauptgericht serviert werden. Die Angaben für das Backen beziehen sich auf Backöfen mit Ober- und Unterhitze. Möchten Sie hierfür die Heißluft einsetzen, so stellen Sie ca. 20 °C niedriger ein. Die Backzeiten bleiben gleich.

Zum Gebrauch des Buches:
Es werden mehrfach Abkürzungen benutzt, die nachstehend kurz erklärt werden:

EL	Eßlöffel
TL	Teelöffel
Msp	Messerspitze
g	Gramm
kg	Kilogramm
l	Liter
cl	Zentiliter
ml	Milliliter
geh.	gehäuft
gem.	gemahlen
Pa	Päckchen

Bildnachweis:
Fotostudio Teubner, Füssen: Titelseite, 3, 13, 19, 21, 27, 37, 57, 65, 71
WMF, Geislingen: 5
Bildarchiv der Oberösterr. Kraftwerke AG, Linz: 10, 51, 53
Landesausschuß der autonomen Provinz Bozen; 11, 46, 50
Orac Verlag, Archiv Gusto, Wien: 15, 22, 35, 38, 41, 49, 59, 69, 75
Sigloch Edition, Künzelsau: 24, Umschlagrückseite
Pfanni Presse-Service, Heilbronn: 31, 33, 61, 63
CMA, Butterschmalz über Ketchum Public Relations, München: 55, 66

Autorin und Verlag danken den oben genannten Unternehmen für die umfangreiche Bereitstellung des Bildmaterials.

Design u. Produktion: Verlagsbüro Fritz Petermüller, Siegsdorf.
Lektorat: Ursula Calis, München.
Satz: Agentur für Satz & Typographie, Grassau.
Lithos: Colorline, Verona.
Druck u. Bindung: NewPrint, Trento.

1. A Auflage 1997

Verlagsnummer: 1720
ISBN: 3-87051-802-2